커피는 알라딘 램프다

국립중앙도서관 출판시도서목록(CIP)

커피는 알라딘 램프다 : 한석수 시집 / 지은이: 한석수. -- 대전 : 지혜, 2012
p. ; cm. -- (지혜사랑 ; 059)

ISBN 978-89-97386-16-1 03810 : ₩10000

한국 현대시[韓國 現代詩]

811.7-KDC5
895.715-DDC21

CIP2012002509

지혜사랑 059

커피는 알라딘 램프다

한석수

시인의 말

80년대 중반 관료생활을 시작한 이후 틈틈이 글을 써왔다. 글을 쓰면 마음이 차분해지고 주변의 사물들을 새로운 눈으로 볼 수 있기 때문이다. 우리 선인들께서 선비의 교양으로 시詩와 서書를 익혔듯이 인문학적 소양을 함양하기 위한 방편으로 글을 쓰고자 노력했다. 그러다가 한국문협 인천지부 수필부문 신인상(91년)을 받았으며 그후 창작수필(93년)을 통해 수필로 등단하였다. 공무원 문예대전에서 시 부문 장려상(2005) 및 우수상(2007)을 받은 적이 있으며 2008년에는 애지 신인문학상으로 시단에 정식 등단하였다.

이렇게 오래 전부터 글쓰기를 해왔지만 개인 작품집은 이번에 처음 출간하게 되었다. 관료로 근무하면서 글을 쓴다는 것이 쉽지는 않았다. 자꾸만 마음이 삭막해지는 것 같아 궁리 끝에 '시 읽고 시 쓰기'를 시도한 적도 있었다. 사무실에 일찍 출근하여 시를 읽고 느낀 점을 시로 써보는 것이었다. 네모진 사무실 공간에서 정서를 지켜내는데 도움이 되었다고 생각한다. 이렇게 해서 나온 것이 '귀천 후기' 등이다. 지방 근무도 글쓰기에는 도움이 되었다. 강릉에 살

때는 동해 바다보며 시 그물을 드리울 수 있었고 대전에 근무할 때는 고향집 가까운 계룡산에 자주 오를 수 있어 좋았다. 경포에서, 겨울 산행 등을 쓸 수 있었다. 그렇지만 여전히 지지부진함을 면치 못하였다. 그러다가 해설 글을 써주신 이형권 교수님과 반경환 선생님을 만나게 되었고, 이를 인연으로 시詩 주변의 서성거림을 벗어나 좀 더 본격적으로 시를 쓰게 되었다. 두 분의 지도와 격려가 없었다면 시집 발간은 훨씬 뒤로 미뤄졌을 것이다. 끄적거린 글을 머뭇머뭇 내밀면 먼저 읽고 따듯하게 조언해준 아내도 그리 고마울 수 없다.

막상 책을 내려니 부끄러운 생각이 많이 들었다. 그렇지만 그동안 내 삶의 편린을 모으고 발자국을 돌아보며 글쓰기를 자극하는 계기가 될 것으로 믿는다. 게으름을 떨치고 언어(言)의 사원(寺)을 부지런히 들락거리며 맑은 시선으로 주변의 사물과 현상들에 고운 시어를 달아주고 싶다.

2012년 5월
한석수

차례

2부

3부

4부

1부

벚꽃 그늘 아래서

나무는 마술사다 틀림없어
햇살 코끝에 문질러 기적을 부리는 거야
겨우내 죽은 듯 움츠렸던 나무둥치에서
이렇게 화사한 꽃잎들이 나오다니
우중충 하던 하늘 몇 번 빗질하여
저렇게 구름 한 점 없이 닦아낼 수 있다니
벚나무 터널 아래 꽃비 맞으며
나무 닮은 마술사가 되고 싶어라
아직 시린 바람을 손바닥으로 조물거려
새 한 마리 꺼내고 싶다
5월 장미도 피워내고 싶다
그리곤 아무렇지도 않다는 듯
허허해진 속으로 나무처럼 서있는 거지
그런 나를 보고 나무들은 뭐라 할까

매화 꽃잎 바라보며

섬진강변 매화 마을에서
흩날리는 꽃잎 바라보다가
도쿠토미 로카의 '대하大河' 구절이 떠올랐다
'子在川上曰 逝者如斯夫 不舍晝夜'*를 인용하곤
로마제국도
강물에 떠오는 나뭇잎 한 장도
흐르다 반짝 사라지는 것이라며
용용하게 흐르는 것은 다만 강물뿐
영원이라는 두 글자는
바다보다 차라리 대하의 기슭에 있다 했는데
밤낮없이 숨차게 나는 어디로 걷는 것일까
눈부신 4월 햇살 강물에 풀어
연초록 세상을 아지랑이 일구는
두꺼비 섬蟾, 나루 진津 두꺼비 나루 서성이다가
저 꽃잎타고 바람따라 흐르다보면
그가 보았던 나뭇잎
그가 보고 싶었던 영원에 닿을 수 있을까
그렇게 반짝 사라질 수 있을까

꽃 이파리 하나 찰랑 내 가슴에 내려 앉는다

* 공자께서 흘러가는 물을 보며 말씀하시길 가는 것이 이 물과 같구나, 밤낮으로 쉬지 않는구나 하셨다. (논어 '자한' 편)

봄이란

창 밖 황사 덮인 하늘 보는데
책상 위 화분이 눈에 들어왔다
이파리 끝이 말려진 대나무 잎새 모양의 이름 모를 난
여기 놓여있었나
둘러보니 구석구석 화분이 여러 개다
그렇지 부임 축하 화분들이지
배달 중 얼지 않게 싸맨 비닐을 그대로 달고있는 야자 닮은 난
고적함 견디다 못했는지
벽에 바짝 기대 서있는 버들가지 모양 난
잎사귀 다 떨구고
서너 개 자주색 꽃잎을 오기처럼 피운 난
창가에 하나, 둘……
마주보며 서로 닮은 열 두 개 동양란
그리고 보니 이름 제대로 아는 화분이 없네
리본 뗀 이후
보내준 고마움조차 잊고 지냈다는 미안함
불현듯

을씨년스럽던 지난 초겨울
어색하던 사무실 첫 날이 떠오른다
창문을 여니
바깥 소리들이 웅얼거리며 한꺼번에 방을 채운다
내일 모레가 4월인데
아직껏 나는 겨울이었구나
어쩌면 봄이란
겨우내 자물쇠 걸어둔 마음 문 열어 봄이지
무심코 잊고 지내온 것들 다시 찾아 봄이지
그러다가
누군가 무언가 이름 불러 봄일거야
산 너머 파란 하늘까지 날아가 봄일거야

커피는 알라딘 램프다

햇살 따스하게 부서지는 2월 바닷가
제주 용머리 해안에서 마주한 커피 한 잔과의 인연
알라딘 램프를 방금 건져 올린 어부마냥
아지랑이처럼 피어오르는 설레임
나라면 그때 무슨 소원을 빌었을까
펑하고 나타난 거인에게 나는 어떤 모습이었을까
하긴 지금도 제대로 된 소원이나 가지고 있는지 몰라
어쩌면
머그잔 같은 삶의 그물에 나를 가둬온 것은 아닐까
올레길 돌다보니
같은 하늘 아래
눈발도 내리고 유채꽃도 피고
동백은 숨어 혼자 흐드러지고
여전한 것은 바람뿐
마음도 덩달아 흔들리더라
사람들이 커피를 마시는 것은
호리병 속 자신을 꺼내주고 싶어 설까
빨간 양탄자를 타고 싶은 거야

아라비아 하늘을 날고 싶은 거야
어딘가 스머프 인형처럼 쪼그려 있을
내가 보고 싶은 거지
몇 모금 남았을까
아직 따스하다
저 바다 속에 풍덩 다시 던져 넣을까
깜짝 놀란 거인은 어떤 거래를 하자고 할까

무제

어둠을 잃어버린 어둠
그때부터 도깨비 신화는 사라지고
사람들은 밝아진 눈으로 더 이상 꿈을 꾸지 않는다
침묵을 소리 내는 침묵
사람들은 휑한 가슴으로 불통을 소통하기 시작한다
너도 없고 나도 없는 칠흑같이 깜깜한 세상
태양까지 삼킨 침묵을 마주하고 싶다
거기선 원시의 일출을 꿈꾸며
사나흘쯤 너끈하게 잠들 수 있을 텐데

일출을 기다리다

별을 그리다가 당신이 별이 되고
덩달아 나도 별이 된 밤
계룡산 자락에 누워
365일 끄트머리 날을 잡고
지는 해 아쉬움에 새해 맞음에 뒤척였는데
2억년에 우리 은하 한 바퀴 돌고
당신은 내 나이 한 살 된다는 것을 알고
2011년 종종걸음이
뚜벅뚜벅 걷자는 2012년 다짐까지
부끄러운 생각이 들었습니다
용의 해
흑룡처럼 날아보자는
마음 한켠 숨겨온 나의 소망도
개구리 뜀박질일지 모른다는 생각이
구름 속 당신을 기다리다가
퍼뜩 떠올랐습니다

용꿈

육십 년 만에 오는 흑룡의 해라고 야단들인데
임진 벽두
나도 용꿈 한 번 꿔보고 싶었다
연휴 내내 꼭두새벽 깨는 잠을 어쩌랴
아쉬움에 뒤척이다가 불현듯 한 생각
매사 번잡스럽게 엷은 잠으로 끌어안으며
사족이나 떼었다 붙였다 하면서
이무기는커녕 무슨 용꿈을 꾸겠다고
아내는 세상 모르게 코를 골며 자고 있다
흑룡 꿈을 꾸었다고 태몽이라고
수줍게 얘기하던 때가 엊그제 같은데
염색물감 비집고 나온 하얀 머리칼
물끄러미 한참을 바라보았다
그래 이 나이에 무슨 용꿈을 꾸겠다고
돌아눕는 아내를 안으며 혼자 중얼거렸다
용꿈은 꾸는 것이 아닐거야
그리는 것이지
간절히
나 아닌 누군가를 위해

첫 눈 오는 날

눈이 내리는 것은
해 저무는 12월 첫 눈이 내리는 것은
나무 때문이지
산에 서있는 나무 때문이지
비가 내리면 얼마나 춥겠어
꽁꽁 얼 텐데
맨살에 얼마나 시리겠어
우리네 사랑이란 것도
겨울에 내리는 비처럼
그저 뜬금없는 것은 아닐까
철부지 같은 것은 아닐까
눈발처럼
바람보다 앞서 날리는 눈발처럼
오늘 하루
자유로운 영혼이고 싶다
춤추듯 다가서 사라지는
저기 저 눈꽃처럼
그렇게 가벼운 영혼이고 싶다

11월 출근길

낯선 교정을 휘적휘적 걷는데
뚝 떨어진 기온에 몸 무거워진 잎들이
바람에 날리며 그러더구만
시월에 단풍 아녔던 낙엽 어디 있더냐구
모르는척 그냥 걸었더니
본관입구까지 따라와 어깨에 내리며 속삭인다
꼬투리 떨어진 그 자리에서
내년 봄 새잎 나는거라구
갑작스런 엊그제 인사 발령
시린 아침 햇살 담아 책갈피에 가만 눌러두었다

가을 하늘

물구나무서면 바다되겠네
발 담그면 금방 시릴 것 같다
비누거품 구름에 퐁당거리면
예전의 은하수 다시 물결쳐 흐르고
물고기며 조개처럼 숨은 별들이
화들짝 놀라며 잠깬 얼굴 내미려나
꾹꾹 제 무게에 눌리며 가쁘게 쏟아낸 자욱들
아련한 별자리도 떠오르려나
'꽃밭 가득' 과꽃이 그리운 날은
이렇게 바람까지 달려오는 날은
여지껏 내게 지쳐온 발바닥
단풍잎으로 툭툭 털며
나무모양 땅 짚고 하늘하늘 서고싶다

눈물이 났다

아무렇지도 않았는데
그저 창문 열다 눈물이 났다
눈물나니 덩달아 어머니 생각이 난다
나이들며
말 그대로 눈물도 흘리는 것일까
마음까지 마음대로 흘러가는 것일까
아무렇지도 않던 일들이 이젠 두레박이 된다
저절로 줄 풀려
시도 때도 없이 잠든 기억을 퍼올린다
잊었던 생채기에 쏟아붓기도 한다
물끄러미 텃밭 옥수수를 바라보다가
탑시기 털며 고단한 허리 펴시던 어머니
몸빼 바지에 붙어있던 검불까지 떠올랐다
다시 눈물이 났다

거울 보다가

이른 새벽 숙취로 화장실에 갔다가 나의 실종을 보게 되었다
아무리 눈을 부벼도
푸시시한 모습의 알 수 없는 사내가 서 있다
한 발짝 다가서니 악수라도 하려는 듯 손을 내민다
어디갔다 왔느냐고 반갑게 다가선다
그래, 어디 갔다 온 것일까
잃어버린 사람들을 위해
거울은 조물주가 미리 찍어둔 활동사진 같은 것은 아닐까
문 열고 나오려는데 문 닫고 따라오라는 표정이다
거기, 거울 속 거기는 어디 쯤일까
그렇다면 이제껏 거울 밖에서 서성거려온 나는 누구일까
방에 들어가니 침대는 아직 비어있고
갑자기 벽에서 영사기 도는 소리가 들리기 시작했다

칠갑산 진달래꽃

이제 그만 즈려 밟히고
오는 님 가슴에 오롯이 한 잎 되고 싶다며
소월이 제일 밉다고 삐쭉이는 꽃
아예
시골처녀 티 벗어던지려는지
애써 서툰 치장에 속눈썹까지 길게 달고는
산 아래 천장호수에 걸린
출렁다리 흔들거릴 때마다
소나무 키만큼 까치발하며
바람 앞서 달음질칠 양
지름길 겨냥하며 밝으스레 서 있는 꽃

남매탑에서

남매탑 내려다보이는 높이에 나란히 지은 까치집
한참을 쳐다봐도 까치들은 보이지 않는다
어디 갔을까
상원암 독경소리에 홀연히 절반 득도라도 하여
속세 까치들을 찾아 나선 것일까
전생에
여기 살던 스님과 호랑이가 데려온 처녀인지도 모르지
지성으로 수도했다지만
속세의 연을 어디 머리카락 자르듯 끊을 수야 있었겠어
그러니 계룡산 날맹이까지 다시 찾아 온게지
불현듯
아파트 꼭대기층에 자리한 우리 집이 생각났다
행여 내가 집 떠난 그 까치는 아닐까
하늘은 그저 파랗고
무엇을 기원하는지 아내는 아까부터 탑돌이를 하고 있다

복수초

계룡산에서 제일 먼저 피는 꽃
해묵은 나뭇잎 아래 머뭇거리는 겨울을 헤집고
대지의 게으른 봄을 흔들어 깨우는 꽃
고향집 담장 아래 구구대는 어미닭 옆에서
두리번거리던 동그란 눈과 온 마당 가득하던
삐약소리를 떠올리게 하는 꽃
복과 장수를 기원하며 남들은 복수초라 한다지만
종종종 피어나올 노란 작은 소망을
무뎌진 가슴에 옮겨 심으며
병아리꽃이라 부르고 싶은 꽃

그 자리

겨울바람에도 꼼짝 않고 땅에 붙어 있던
반쯤 부스러진 지난 가을 낙엽
어라, 봄 햇살에 폴짝거린다
처음으로 꼬투리를 떼고
허허로운 여정에 부풀었던
그때의 묵은 여행이라도 다시 떠나려는 것일까
제 무게를 결코 놓아버릴 수 없었던
여기 싣고 실려 온 바람 대신
아지랑이 자락에 가만가만 몸을 세우더니
어느새 춤추듯 저만큼 날아간다
옆에서 하나 둘 덩달아 일어선다
그제서야 눈에 띄는 작은 푸른 빛깔들
그래, 잠든 봄이 얼지 않도록
아기 포대기처럼 꼭꼭
해지도록 감싸 안고 있었던 거야
툭툭 엉덩이 털고 일어나 서너 걸음 걷다가
나도 몰래 물끄러미 한참을 돌아보았다

2부

목욕탕에서 1

등높이를 맞추느라 무릎을 세워 꿇어앉은 채
나보다 훨씬 머리 허연 사내가
주름 자글자글한 노인의 등을 밀고 있다
앙상한 등줄기가 아무래도 안타까운 것일까
때타올 만지작거리던 사내의 얼굴이 불그레해진다
차라리 지난 세월의 때라도 문지르고 싶은 게지
노인은 지그시 눈을 감고 있다
처음 목욕탕 데려왔을 때의 고사리 손이라도 떠올리는 것일까
거무스레한 노인의 등이 아기 볼처럼 발그레해진다
노인이 느린 동작으로 멈칫거리는 사내와 자리를 바꾼다
갑자기 안경알이 뿌옇게 흐려졌다
어린 시절, 염할 때 처음 봤던 아버지의 가냘픈 몸
샤워기 찬물을 세게 틀었다

목욕탕에서 2

오십 한참 넘었다는 티라도 내려는지
어느 날부터 발바닥에 각질과 굳은 살이 자리 잡는다
곱돌에 이리저리 문지르다가
불현듯
엊저녁 문상에서의 영정이 생각났다
육십 갓 넘기고 갑자기 뇌출혈로 돌아가셨다는데
황망한 자식들의 슬픔은 아랑곳없이 빙그레 웃던 생전 모습 사진
빈 속에 쓴 소주를 털어 넣으며
뭇 사람들의 절을 받고 있을 나의 영정을 떠올려봤었지
어쩌면
맨발로 다시 걷는 연습을 시작하라는 것은 아닐까
세월 무서운 줄 모르고 신발 끈 조이며 나대는 내게
맨발로 온 날과 신발 벗어놓고 갈 날을 떠올리고
나머지 여정에 대해 얘기하고 싶은 게지
뿌연 거울에 물을 뿌리니
거기 쪼그려 앉은 내가 벌거벗은 나를 빤히 쳐다보고 있다

길

어제 온 길이 오늘 가는 길이 되고
내일은 그저 그 길이 된다
그리고 보면
애시당초 길은 없었던거야
거기 여기 떨어진 점으로 서있으면
외로운 구름이 먼저 나서
산 넘고 강 건너며
제멋대로 바람따라 금 그어놓은 것일 뿐
모눈종이에 그려지는 사슬 같은 것

언제쯤

언제쯤 하늘처럼 그냥 펼쳐 있게 될까
구름이며 바람이며
눈비 천둥번개까지
가는대로 오는대로
이만큼 저만큼에서
흐르는 별처럼 바라볼 수 있을까

기도

기도는 어쩌면 기도氣道입니다
간절함이 서로의 부싯돌로 부딪쳐
마른 심지끝에 불씨로 흐르고 싶은
그래서
가을 밤하늘 별자리로
초롱초롱 밤새 편지 쓰고 싶은
화들짝 창문 열면
부끄러워 지워버린 글씨들이
별똥되어 뚝뚝 떨어지더이다

그리움

한 달만이다
어머님 산소에 갔다가 시골집에 들렀다
텅빈 마당
어느 새 훌쩍 자란 쑥대풀
쪼그려 앉아 한참을 뽑다가
불현듯
아파하는 풀잎사귀들이 가엾다는 생각이 들었다
하릴없이 한참을 지켜보다가
풀물든 내 손끝을 바라보았다
땅 속에는 얼마나 많은 그리움의 홀씨가 있어
이렇게 끊임없이 헤집고 나오는 것일까
어디 계실까
뽑힌 자리 손바닥으로 도닥거리다가
나도 모르게 따라 중얼거렸다
자장 자장

눈 수술 받고

눈뜬 장님이란 말
눈 수술 받고 알게 되었습니다
붕대 감은 눈으로 어둠의 터널을 한참 달려
어슴푸레한 그림자
무엇인가 했어요
해묵은 사진첩의 흑백사진처럼
끼워놓고 잃어버린 세월
어디론가 사라져버린 내 모습들이었습니다
불현듯
내 마음의 시력은 얼마쯤일까
흐린 눈은 수술로 좋아질 수 있겠지만
마음 속 눈은 검진 한 번 없어도 괜찮은 것일까
수술 받은 눈보다 나쁜 줄도 모르고
내 맘대로 이렇게 저렇게 봐온 것은 아닐까
이런저런 생각이 들었습니다
눈 수술 받고 병상에 누워
눈뜬 내 모습을 볼 수 있었습니다

안경 너머

산도 안경을 썼나봅니다
뿌옇게 흐려진 안경 너머로
갑작스레
아무 것도 보이지 않던 세상을 떠올려봅니다
그리고
함초롬히 그 자리 앉아 있던 사람
언젠가 눈 내리는 겨울이었습니다
산도 김 서린 안경을 닦고 있나봅니다
잊고 지낸 봄 풍경이 그리워진 것일까요
산과 마주하려면 서둘러야 하는데
나이 들며 자꾸만 흐려지는 시야
애꿎은 안경알에 입김 불며
대신 세월을 문질러 봅니다
겨울은 어디로 가고 봄은 어디서 오는 걸까요
물기 잔뜩 머금은 스펀지같은 하늘
짙은 안개에 물감처럼 풀어지며
나무들은 산 속으로 걸어가고 있네요

나무의 독백

산 속 이만큼 서있는 나를
나무라 따로 부르는 당신은 누구세요
당신은 산에 오를 때 무슨 생각 하시나요
나무라고 어디 그리움도 없을까요
봄, 여름, 가을 맞고 보내고 맞으며
세월의 가슴앓이로 붉게 노랗게 여위는데
당신은 철없이 곱다 했지요
그러다 바람 시려 흔들리는 내게
당신은 제 마음 닮은 낙엽이라 했고요
아프든 어쨌든 당신은 저만큼 걸어갑니다
처음 불렀을 때 걸음마 잊고
누군가 그려놓은 나이테 안은 채
나무는 그 자리에 서있는데요

시월 햇살

저녁 햇살이 사무실 안으로 가득 들어옵니다
물끄러미 창 밖 나무들을 바라보다가
가만히 손바닥을 펼쳤습니다
가늠할 수 없는 우주 공간을 달려와
내 손바닥에 내려앉은 한 줌 인연
굵어진 손가락 마디마디를
따스하게 어루만집니다
무엇일까 생각날 듯 생각나지 않는 무엇
머리를 가만 흔들어봅니다
바람에 날리는 파란 보자기 같은 하늘
단풍들기 시작한 잎새 하나 떨어집니다
세상 바깥에서 잡아봤을 갸름한 누군가의 손길
눈 감고 시월 햇살을 꼬옥 쥐어봅니다

꽃보다 꽃처럼

꽃보다 아름다울 수는 없지만
꽃처럼 아름다운 사람이 되고 싶다
꽃이 아름다운 것은
제 이름으로 피어날 뿐
누굴 닮으려 애쓰지 않기 때문
꽃보다 꽃처럼
제 모습으로 아름답게 피고 싶다

꽃보다 향기로울 수는 없지만
꽃처럼 향기나는 사람이 되고 싶다
꽃이 향기로운 것은
제 자신 몸과 마음을 열어
더불어 흐드러질 수 있기 때문
꽃보다 꽃처럼
제 바탕으로 향기롭게 서고 싶다

꽃보다 지긋할 수는 없지만
꽃처럼 지긋한 사람이 되고 싶다

꽃이 지긋한 것은
제 때를 다투며 피고지는 일 없이
철따라 비바람을 견뎌내기 때문
꽃보다 꽃처럼
제 자리에서 지그시 피고지고 싶다

아주 시시한 물이었으면 좋겠다

철든 어른이 되어
슬픈 얼굴일 때면
뜨겁지도 차갑지도 않은
맹물 같았으면 좋겠다
그렇게 아무렇지도 않게 옹달샘에서 흘러나와
아무도 눈여겨보지 않는 실개천을 흐르다가
무심코 떨어진 꽃잎 하나 있거든
어린 왕자와 여우처럼
앞서거니 뒤서거니 뛰박질하다가
해질녘 강물쯤 만났을 때
강물에 더해 사라지는
아주 시시한 그런 물이었으면 좋겠다

나무 옆에서

새싹이라고 언제 소리 내며 틔우던가
팍팍한 땅에 뿌리 내리며 가만가만 가지 키울 때도
땀에 젖은 몸을 흔들바람으로 가눌 뿐
고운 꽃 피웠다고 떠들썩할 즈음
옹이진 둥치를 할퀴던 전생의 얼음 배김을 잊지 않고
남김없이 꽃 이파리로 날리며 오롯이 버티어 선다
모른다고…
꼬투리에 안쓰럽게 여무는 여린 씨알 때문이다

음악을 듣다가

바하의 첼로곡 BWV 1007
아무리 귀기울여도 들리지 않더니 볼륨을 낮추니 맴돌기 시작한다

기척도 없이 들른 바람이
장마에 젖은 머리칼 난초에 털며 배시시 웃고 간다

3부

어머님

꽃피고 새우는 날 가실 거라더니
온갖 봄꽃 흐드러지게 피고 지는
춘삼월 열나흘 볕 좋은 날을 가려
목련 꽃잎 따라 당신은 가셨습니다

고래희古來稀를 스무고개 넘게 넘으셨다지만
백수에는 아직 일곱이 모자란
아쉽기 만한 삶을 살다 가셨습니다

지아비 병 구환 자식 뒷바라지에
무심한 세월도 잊은 채 젊음 보내시더니
옥수수 마른 등걸처럼 허허로운 모습으로
끝내 아무 말씀 없이 떠나셨습니다

사랑하는 어머님 어디 계십니까
새벽녘 장례식장 밖을 황망히 서성일 때
서산에 늬엿늬엿 걸려 있던 달
지금 생각해보니

마지막 이승 보시던 당신 얼굴이셨습니다
부르고 싶어도 아무리 보고 싶어도
이제는 소리 내어 울지도 못하는 나이든 일곱 고아가 되어 버렸네요

'애야 밥은 먹었냐, 동기간 우애가 최고여. 남한데 혐오지지 말고 착하게 살아야 한다'
벌써부터 당신은 자식 걱정이십니다
참고 또 참고 그래도 보고 싶으면
보름달 차오르는 계룡산 자락 보며
고운 미소 잔잔한 음성을 떠올려 보렵니다

당신을 어쩔 수 없이 이곳에 묻지만
메아리 당신 사랑을 가슴에 담고
걸어오신 길을 돌아 산을 내려가렵니다
어머님 이제는 자식 걱정 내려놓고
부디 극락왕생 하십시오

당신은 그렇게 가셨지만
우리는 이렇게 서있습니다
대지에 꽃잎처럼 흩어진 당신 숨결은
밤하늘 별처럼 다시 태어나
어머님, 무수한 자손으로 번창할 것을 믿습니다

100년된 매화 분재 옆에서

꺾인 둥치에서 여린 가지 뻗어
하얗게 터뜨린 꽃망울 망울
겨우내 시리도록 할퀴고 누르던
눈과 바람이라도 삭힌 것일까
파란 하늘 보자기에 지성으로 수놓은
몇 해 전 열반하신 큰 스님 사리같다
닮고 싶은 마음에 불쑥 옆에 섰더니
구멍 난 가슴에서 바람 한줌 꺼내
말없이 쥐어주고 다시 먼 산 바라본다

세모에 금강경을 읽다가

세상은 텅 빈 한 송이 꽃이라는데
나는 상相으로 가득 찬 먼지 알갱이였네
나이까지 먹느라 잃어버린 나의 나이
불현듯 섣달그믐 놀라 깨보니
쉰 벌써 지났다고 반백의 머리
눈발 따라 날리며 들려주는 말
잘난 사람 되려하는 고단한 삶
뛰는 사람 쫓으려는 번잡스런 삶
계절의 흐름 따라 발 아래 내려놓고
제 걸음걸이로 휘적휘적 걸으라네
자기 닮은 모습으로 그냥 피었다 가라 하네

친구야

— 공주사대부고 20회 학교방문행사 축시

친구야 생각나니
공주사대부고 스무 번째 아들 · 딸 되어
정든 교정을 나설 때
바람은 차가왔지만
뜨겁게 용솟음치는 가슴
앞날의 기대와 떠나는 아쉬움 속에
우리는 말없이 악수를 나눴다
그래, 봉황동산 개나리가 세 번 피고 지는 동안
우리는 열심히 공부했고
느티나무 그늘 아래 우정도 푸르게 키웠지

친구야, 보고 싶었던 친구야
학창시절 열 배만큼의 시간이 흐른 다음
가슴 속 품어왔던 초심初心을 꺼내보며
우리는 연어처럼
둥지 속으로 다시 모였다
반백으로 들어서는 머리칼
짙어가는 이마의 주름살을 보면서

왠지 모를 막연한 그리움에
가슴 한켠 허전하던 이유를 알게 됐지
그래, 그것은 봉황산이 부르는 소리
벽오동 꿈틀거리며 가지 뻗는 소리
'울림'의 메아리였다

친구야 생각나니
빨리 어른이 되고 싶은 마음에
창밖으로 기웃거리던 무지갯빛 바깥세상
이제 돌아와
어머니 품 속 같은 교실 안에 서니
'근로 · 자립 · 화애' 머리 위 교훈은 여전히 엄숙하고
개선장군처럼 맞아주는
앨범 속 까까머리, 몸빼바지한
흑백사진들의 아우성
세찬 풍파에 매화처럼 피어나
세상에 향기 나누는 사람 되라시며
그래, 백묵가루 소매 가득하도록

카랑카랑 사자후를 토하시던
은사님들의 사랑과 열정이 눈에 선하게 울려온다

친구야, 보고 싶었던 친구야
재회의 기쁨도 잠시
이제 일상의 바다로 돌아가겠지만
꼭 잡았던 손마저 놓지는 말자
세상사 지치고 힘들 때면
오늘 함께 한 고운 추억과
술잔에 나눠 마신 꿈과 다짐을 불러보자
그래, 이제 다시 한 번 봉황의 비상을 시작하려니
졸업 나이 예순 되는 2038년 다시 만나
선인들의 벽오동 심은 뜻을 기려보며
웅진 골이 진동하도록 환갑잔치 한 번 벌여 보자구나

* 공주대학교 사범대학 부속고등학교 —1956. 4. 15 개교(현재 18학급 운영) —교훈 : 근로, 자립, 화애 —교화 : 매화 —교목 : 벽오동나무 —교지 : 울림

바람은 바람이 되고

바람이 바람에게 물었습니다
너는 어디에서 불어오니
바람이 바람에게 대답했습니다
너는 어디로 가는데
그렇게
바람은 바람이 되고
바람은 바람이 되고 싶었습니다
그러자
구름은 바다를 담아
처음의 하늘을 닦고
저녁별들을 그렸습니다
그때부터
지구는 돛단배 되어
너와 나
삼라만상 우리를 싣고
천지현황 우주홍황을
낭랑한 목소리로 떠다닌답니다

겨울 산행

뽀드득 뽀드득 눈 내린 계룡산을 오르다가
불현듯 길도 아플 수 있다는 생각이 들었다
쌀 한 가마 무게로 딛는 내 걸음에
힘겨울 수 있다는 생각이 들었다
기분 좋은 촉감에
내겐 그저 장단으로 들려오지만
어쩌면 꾹꾹 참아 삼키는
누군가의 고단함일지 모른다는 생각이 들었다
중년을 훌쩍 넘게
짧지 않은 세월을 살아오면서
남을 아프고 힘들게 한
나 모르는 자국들은 얼마나 많았을까
가쁜 숨을 몰아쉬며 산 아래를 보니
내가 놓고 온 발걸음들이
여전히 뽀드득 거리며 걸어오고 있었다
걸어갈 길은 걸어온 길인 것을
겨울 산은 앞만 보고 걷는 나의 일상을 부끄럽게 했다

관악산에서

땀 뻘뻘 흘리며 바위 산을 오르다가
불현듯 어린시절 생각이 났다
밥 먹고 바로 뛰면 어른들은 그러셨다
배 꺼뜨릴라고 욕본다
밥값을 제대로 하란 말씀이셨다
그때는 먹을 것이 참으로 귀하던 때
끼니를 잇는 것이 무엇보다 중요했다
한참 뛰놀 아이들을 핀잔하시던 어른들 마음은 어땠을까
해질녘이면 여지없이 다가올 긴 밤 허기를 걱정하신 게지
나도 모르게 배를 쓸어보았다
놓쳐버린 어린 시절 식탐 때문일까
밥값을 못하고 보낸 날들이 많아 그런 것일까
아니면
마음 속 공복이 부풀어 올라 그런 것일까
수박 반 덩이를 엎어놓은 것처럼 불룩한 나의 배
하늘에서 어른들이 내 모습을 보면 뭐라실까
익은 수박 고르듯이 두드리며 어른들 목소리로 중얼거려봤다

'배 꺼뜨릴라고 욕본다'
관악산은 곱던 단풍을 낙엽으로 날리고 있었다

환선굴幻仙窟*에서

내 가슴에 이만한 동굴 하나 담고 싶습니다
태초의 칠흑으로 벽을 두르고
당신만이 찾을 수 있는 미로를 내렵니다
내 마음 딛고
환하게 다가오는 당신은 선녀
순백색 천상의 감로수 흘려
예쁜 발치부터 곱게 씻어드리고 싶습니다

아무리 두리번거려도
전설은 저만큼 앞서 흘러가네요
수 천년 세월이 자신을 녹여 빚었을
채 한뼘 크기의 옥좌대에 걸터앉아
다만 흐르는 물소리 들으며
또 한 천년이라도 기다릴까 봅니다
파르르 꽃잎 벙그는 연꽃 되어

* 환선굴은 강원도 삼척에 소재하는 우리나라 최대의 석회암 동굴로, 계곡에서 목욕하는 아름다운 여인을 보고 마을 사람들이 쫓아가자 동굴로 들어가 선녀가 되었다는 전설이 있으며 연꽃 모양의 옥좌대 등 석순이 유명함.

촛불을 켜며

촛불을 켰습니다
햇살이 채 가시지 않은 초저녁에
하릴없이 책꽂이를 뒤적거리는데
뽀얗게 먼지내린 초가 눈에 띄는 것이었어요
여러 해 전 미국에 살 때 이사하는 친구가 남기고 간 것
입니다
거기서도 한두 번이나 제대로 켰을까요
옛날 생각이 나 서둘러 성냥을 그셨지만
심지가 뭉툭하게 사그라져
성냥개비 하나가 통째로 타도록 불을 붙일 수가 없었습
니다
대여섯 번만에 겨우 콩알만한 불씨를 살리며
불현듯
내 마음의 심지는 어떤 모양일까 생각해 보았습니다
어두워질수록 촛불은 스스로 환하게 커져가며
추억들로 온 방안을 따뜻하게 데워갑니다
그 친구는 지금쯤 어디에 있을까
무엇하며 어떤 모습으로 살고 있을까

손끝을 타고 흐르던 촛농은 결국 내 가슴에 엉기며
초 한 자루 사주지 못한 나를 후회하게 만들었습니다
이제
세상사에 찌든 심지를 돋우어
세월보다 빠르게 불어나는 욕망의 살덩이를 녹여
누군가를 위해
밤새 타오르는 촛불이고 싶습니다

시를 읽다가

정호승시인의 시를 읽었습니다
그저 눈길가는 대로
휘적휘적 넘겨가며 읽었습니다
삽화가 너무 미술관 그림같아
시인의 말까지 박제될까 마음 졸였는데
'사랑해서 미안하다'라는 말에 안심할 수 있었지요
내가 숨겨왔던 별
그를 위해 준비했던 촛불
함께 걷던 저녁길
우수의 꽃과 나무그늘까지
책갈피에 꼬박꼬박 접혀있기에
어쩌지 못하고 계속 읽어갔어요
그예 강물에 발목 적시고
시린 햇살에
산새 울음만큼 찔끔거리다가
그렇게 날아가
철길에 퍼질러 앉고 싶더라구요
생채기에 큼지막한 대못박고

여전히 철길은 두 갈래인데
그는 무슨 소리가 듣고 싶었을까요
해질녘이면 산도 외로워
참다참다 한 번씩은 그림자로 온다니까
그때까지는 기다리고 싶었는데
꼬기작거린 손바닥 펴고
몽골진 가슴도 열어
책갈피에 씨알로 담아보라면서
빙그레 그 해바라기가 웃지 뭡니까

바닷가에서

바다는 밤새 출렁거렸다
무슨 할 말이 그리 많은지
이국의 방언처럼 웅얼거리는
끝없는 철썩임에
마음 속은 내비칠 품새도 못하고
끄적거린 단어마저 씻겨버린 채
그렇게 맞은 새벽
선잠은 마찬가지라며
속눈 길게 내민 우듬지 부러진 소나무가
해묵은 솔방울 하나 툭 던져준다
찰나를 반듯하게 가르며
내 가슴에 부딪히는 방울소리
뒷물결 쳐내리는 파도들의 속삭임
억겁의 세월을 흘렀어도
빈 가슴 채우지 못하고 여전히 출렁거린단다
내가 아는 것이라야 고작
어항 속 고기들이 뱉는 포말 같은 것이라며
바다같은 그리움을 품으라 한다

비바람 세월을 옭매듭하여
주렁주렁 홀씨로 여물라 한다

2005년 첫눈 오는 날

회색빛 우울 벗지 못한 채
하늘 바라보다 이슬 맺었을
눈발처럼 아리한 당신의 그리움
오늘일랑 그저 어색하지 않은 언어로
하늘 바라보며 걷고 싶네요
눈은 눈에 내리고
눈은 언제나 그렇게 내려
裸木처럼 서있는
그대 빈 그림자일지라도
솔바람처럼 달려갈 수 있으련만
하얀 눈 내려 우수짙을
당신의 까만 눈망울
전생의 緣처럼
주줄이
주소잃고 창가에서 서성입니다

「하급반 교과서」를 읽고

한 아이가 소리 내어 책을 읽으면
다른 아이들도 따라서 읽는다고
김명수 시인은 걱정이 태산이다
그래도 큰 소리로 책 읽을 때가 좋았다
먼저 읽던 따라서 읽던
쩌렁쩌렁 목청 틔게 읽을 때가 좋았다
'아니다 아니다!'라도 좋으니 청아한 목소리가 그립다
'그렇다 그렇다!'라도 좋으니 꾸밈없는 목소리가 그립다
아이들은 이제 소리내어 책을 읽지 않는다
컴퓨터와 텔레비전 따라 같이 웃을 뿐이다
그 아이들은 어디 갔을까
그 목청들은 어디 갔을까
신문글자 가물거리는 나이가 되니
활자 큰 하급반 교과서가 그리워지는 것일까
선생님이 막대기로 운을 짚으면
노래하듯 율동하듯 따라 읽던 때가 그립다

4부

너와 나는 섬으로

나는 다가섬으로 이렇게 섬이 되고
너는 멈춰섬으로 그렇게 섬이 되고
영원히 닿을 수 없는 안타까움에
까맣게 그을린 가슴으로
우리는 오래 전부터 저렇게 섬이었던 것을

그래도 우리 이리 마주 볼 수 있으니
따스한 체온을 나눠 느낄 수 있으니
아득한 그리움을 물 속 깊이 감추고
물결따라 출렁거리다 부끄러움으로 부서질뿐
오늘도 파란 하늘이 시리기만 한 것을

뒤집어 보기

꽃과 같은 친구가 되고 싶습니다.
밤새 그리움으로 이슬 머금고
아침 햇살따라 꽃봉오리 틔워
미소 예쁜 당신에게 어울리도록만
고만큼만 웃는 꽃이 되고 싶습니다
꽃잎지고 초라해진 나의 모습에
눈길 한 번 안 주신대도 상관없어요
지난 추억을 씨알로 갈무리하며
봄을 기다리는 꽃이 되면 되니까요

저울같은 친구가 되고 싶습니다
언제나 두 눈 크게뜨고
바이올린 줄처럼 팽팽하게 긴장한 채
당신께 오가는 사람 온갖 것들은
꼼꼼히 저울질하며 튕겨보렵니다
순진한 당신은 너무 쉽게 눈멀고
가슴까지 다칠 것만 같으니까요
필요없다구요

기다리지요
토광 깊숙히 먼지 맞으며
당신이 급하게 찾을 때 까지

* 좋을 때만 찾아오는 꽃과 같은 친구, 이익을 따지는 저울과 같은 친구가 돼서는 안 된다는 글을 읽다가 뒤집어보고 거꾸로 보면 또 다른 세상이 있다는 생각이 들었습니다.

경포 호수에서

대관령에 걸쳐 멀미라도 앓은게지
바람은 갈대숲에 웅크리고
흔들리는 찌에 세월을 달아매고
잘랑이는 물결따라 사념만 오락가락
그림자만한 우수만 짙어간다
철새들은 저녁대신 노을 물고서
먼 하늘 쳐다보는데
누가 놓고 갔는지 종이배 하나
갈대 노를 저어 어디로 갈까

경포 바다에서

바다는 여전히 파랗다
철지난 파라솔 뉘어 바람을 막고
무릎 사이 고개를 깊숙이 묻은 채
커피장수 혼자 텅빈 해변을 지키고 있다
반쯤 풀어진 머플러 자락따라
하루의 고단함이 나풀거린다
바다나간 남정네를 그리는 기약없는 기다림일까
갈매기 한 마리 바람타고
파도와 구름 사이를 기웃거리고 있다

호수와 달

온종일 호수는 밤을 기다립니다
철푸데기 앉아 달님을 기다립니다
햇살이 눈부시게 달려들어도 눈 하나 까딱하는 일없이
달님이 지나갈 길을 영사기처럼 돌려보며
티끌 하나없이 파름하게 닦아냅니다

그리고도 그리고도 반나절이 남지만
호수는 결코 지루해 하는 법이 없습니다
개구장이 달님이 풍덩 뛰어들기라도 할까봐
행여나 그러다가 감기라도 걸릴까봐
살포시 가슴을 열어 덥히기 시작합니다

달님이 변덕은 얼마나 심하구요
보름달에서 반달로 반달에서 그믐달로
그러다가 어떤 날은 보이지도 않지만
호수는 한마디 불평하는 일이 없습니다
바람에 곱게 씻어 고운 거울되어 비춰줄 뿐입니다

어쩌지 못하는 그리움으로
그나마 달빛 향기를 그림자로 품지만
가슴에 묶어두는 일도 없습니다
언제나 새벽이 오기 전에 먼저 돌려주지요
오늘, 호수처럼 사랑하는 법을 배우고 싶습니다

춘란春蘭

풍화된 바위산 뒤로 두르고
향수 머금은 장끼 울음을 언제 듣겠나

지난 밤 꿈길을 이슬로 공글면서
문설주 절반걸린 바람에도 흠칫

먹장구름 번뇌로 여민 가슴에
채송화 씨알처럼 터져나는 우울

하늘이야 그저 파랗지
마사토 틈새로 저려오는 다리

설목雪木

털어낸 만큼 푸근해지는
지혜로만 빚은 청빈한 맞음

가슴에 싸안은 속눈 하나로
비탈에 버티어선 으젓한 꼬장

시린 하늘 맨가슴 단단한 웅크림이지
꼭 다문 입으로 살오르는 배암

바람에 전하고 싶은 누르지 못한 떨림에
까치만 푸드득 회색 공간을 가른다

낙산가는 길

바위에 오르면 바위처럼 앉고 싶고
나무 옆에 서면 나무처럼 서고 싶다
하늘은 여전히 햇살 쨍한데
바위처럼 앉으려니 이끼가 설고
나무처럼 서려하니 뿌리없는 등걸처럼
바위는 너른 가슴으로 그냥 쉬다 가라한다
나무는 아무 말없이 솔바람 한 짐 실어준다
돌부리 벗삼아 나그네처럼 걸어갈 뿐이지
지난 비에 쑥대풀은 무릎까지 차오는데
세월의 순결을 가시로 지켜
이렇듯 씨알을 빚고 있노라며
뒤뚱거리는 여름을 아카시아 홀로 달래준다

낙산 일출

그래, 철썩이며 밤새 잠을 흔들었구나
낙산사지 몽우리졌던 연꽃마냥
어둠을 삼켜거른 조물주의 소망일까
달력 위에 매달려 시계추 따라 흔들거리던 날들이
저리 신비로운 탄생이었다니
금빛 바닷길 밟으며 둥실 나도 솟구친다

낙산 해변

모래 밭에 흐트러진 부스러기 단어들을
아가 목욕시키는 엄마 손길처럼
맨질거리도록 씻어담는 바다
외로움, 사랑, 허무 등
온갖 조각난 이미지들이 잠방거리며 졸아들고 있다
촛불처럼 산너머로 사라진 태양은
채송화빛 상흔으로 물들고
탈지면처럼 펼쳐진 구름이 벌써 반쯤 눅눅해진다
부표처럼 흔들거리는 중년이라는 연륜
어둠으로 까맣게 식어버리기 전에
생채기난 가슴을 세례하듯 던져버리고
구두 속 모래를 툭툭 털고 서자

귀천歸天 후기

천상병 시인은 무얼하고 있을까
과연 하늘로 돌아갔을까, 땅에 그대로 묻혀있을까
살아서 그가 봤던 '새벽빛'과 '노을빛'이
하늘에서는 과연 어떤 빛일까

초등학교 고학년만 돼도 가지 않는 '소풍'을
젊지 않은 그날까지 그리 오래 다니면서
아름다운 이 세상이랬지

그의 소풍길이라는 것이
수학여행 한 번 못가보고
봄가을로 열두 번이나 내리 가야만 했던
학교에서도 집에서도 채 십 리가 되지 않던
계룡산 갑사 같은 곳은 아니었을까

궁금하다, 궁금하기 짝이 없다
정말로 거기 가서도 아름다웠을까
누구 제대로 들어주는 귀인歸人이나 있었는지

사람이 있어 아름다웠다고
그래서 세상으로 다시 돌아가리라고
혹시
허접한 시를 쓰고 있지는 않을까 그곳에서

2004년 그믐날에
우연히 그의 시 「귀천歸天」을 읽다가
그가 보았을지도 모르겠다는 생각으로 귀퉁이 하늘을
쳐다보았다

아무렇지도 않게 코스모스, 개나리만 바꾸어 피던
소풍길이 구름 속으로 환하게 열려왔다

김수영 시인의 「눈」을 읽고

눈이 쳐다본다
이리저리 나폴거리며 쳐다본다
마당 위에 떨어져서도 쳐다본다

맨발로 서자
양말도 신발도 벗어버리고
딱딱해진 뒷꿈치대신
아직은
꼼지락거릴 줄 아는 발가락으로 서자

드레스 위에 내리는 눈은 어떤 빛깔일까
네가 입은 드레스에
지금 내리는 눈은 어떤 빛깔로 쌓일까

눈을 바라본다
손끝이라도 닿을까봐 잔뜩 움츠리고
숨결이라도 토해질까 가만가만 숨죽이고
그렇게 그렇게
너는 말갛게 고운 시려움이다

12월 어느 아침

부끄럽다

심지닳아
매캐한 끄름만 토해내는 호야등처럼

밤의 자락을 힘겹게 잡고
그래서 찾아낸 것이 오작교 전설
하늘끝 뒤켠 멈속으로 그냥 시들어가는 별꽃무리

까치야 까치야
칠흙같은 너의 비로도에
희무끄레한 잿빛 자욱으로 아직 선명한
견우와 직녀의 열뜬 마음을
까맣게 까맣게 분칠하는 숯검뎅이면 어쩌랴

열린 유리창으로 시려오는 손끝마냥
12월 아침은 부끄럽기만 하다

해설

'나'의 실종 사건과 꿈꾸기의 시학

이형권 문학평론가

'나'의 실종 사건과 꿈꾸기의 시학

이형권 문학평론가

1. 일상과 시상의 거리

일상은 맹목적으로 반복되는 속성을 지녔다. 인간이 기본적인 생활을 영위하기 위한 의식주와 관련된 것이 대부분인 일상은 그래서 지루하고 재미가 없다. 직장 생활이나 가정생활은 우리의 일상을 구성하는 가장 기본적인 것들에 속한다. 특히 직장 생활은 의식주 해결을 위한 경제적 활동과 관련되는 것이기에 더욱 재미가 없다. 문제는 이 재미없는 삶, 감동이 없는 삶을 전면적으로 거부할 수 없다는 점이다. 하루하루 똑같은 삶의 반복은 인간을 물질적, 기계적, 도구적 존재로 전락시켜 버리지만, 그러한 반복을 거부하고는 기본적인 생활조차 영위할 수 없다는 데에 인생의 하릴없는 모순이 자리 잡는다.

지루한 일상에 대한 응전의 방식은 사람마다 다르다. 어떤 사람은 여행을 즐기고, 어떤 사람은 독서를 즐기고, 어떤 사람은 예술 세계에 빠져든다. 시를 쓴다는 것은 일상에 대한 응전의 방식 가운데 가장 쉽고도 어려운 일이다. 그것이 쉬운 까닭은 그 매재가 누구나 사용할 수 있는 무형의 언어이기 때문에 물적인 토대가 없이도 언제 어디서든지 창작이 가능하다는 점을 들 수 있다. 그러나 그것이 어려운 까닭은 고도의 수사적 장치를 동원하여 가장 함축적이고 전위적인 언어를 구사해야 하기 때문이다. 시는 최고最高/最古의 언어 예술 양식이기에 좋은 시를 쓴다는 것은 그만큼 어려운 일이다.

한석수 시인은 고위직 공무원이다. 그는 공직 사회에서는 남부러울 것이 없는 사람으로서 그야말로 결핍이 없는 삶을 살고 있다고 해도 과언이 아니다. 그러나 이 말은 어디까지나 현실의 차원에서만 설득력이 있다. 그는 정신의 차원에서는 항상 결핍감에 시달리면서 그 탈출구를 찾는 심정으로 시를 쓰고 있다. 정신적으로 채워지지 않는 결핍감에 시달린다는 것은 그가 인간적인, 너무도 인간적인 삶을 살아간다는 점을 증명한다. 사실 이러한 면모는 진정한 의미의 공복公僕이 지녀야 할 수준 높은 자질이 아닐 수 없다. 높은 정신세계를 추구하는 삶, 그것은 영혼이 있는 공복이 되기 위한 으뜸의 조건이기 때문이다.

일상을 벗어나서, 혹은 일상 속에서 시상을 찾아나서는 한석수 시인의 시적 경향은 크게 두 가지로 이루어져 있다.

하나는 비루한 자아와 지리한 일상을 성찰하는 시편들이고, 다른 하나는 그러한 일상을 일탈하여 정신적 이상 세계를 추구하는 시편들이다. 한석수의 첫 시집 『커피는 알라딘 램프다』의 시편들은 일상과 시상 사이, 혹은 현실과 이상 사이에서 고민하는 한 시인의 진지한 고뇌의 흔적이다. 이제 그 사이를 오가는 언어의 진자 운동을 따라가 보기로 한다.

2. '나'의 상실과 동심으로의 회귀

현대인들은 세상의 논리에 지배당하면서 진정한 '나'를 상실하고 살아간다. 인간관계라는 미명 하에 정작 한 인간으로서의 실존적 가치를 훼손하면서 살아가는 사람들이 너무 많은 세상이다. 그러나 진정한 인간관계는 '나'의 가치가 충분히 존중되는 가운데 가능한 것이지 '나'의 부재 속에서 이루어질 수는 없는 것이다. 그래서 한석수 시인이 세상에 휩쓸려 맹목으로 살아가는 자신의 모습을 성찰하면서 진정한 '나'를 탐색한다.

이른 새벽 숙취로 화장실에 갔다가 나의 실종을 보게
되었다
아무리 눈을 부벼도

푸시시한 모습의 알 수 없는 사내가 서 있다
한 발짝 다가서니 악수라도 하려는 듯 손을 내민다
어디갔다 왔느냐고 반갑게 다가선다
그래, 어디 갔다 온 것일까
잃어버린 사람들을 위해
거울은 조물주가 미리 찍어둔 활동사진 같은 것은 아닐까
문 열고 나오려는데 문 닫고 따라오라는 표정이다
거기, 거울 속 거기는 어디 쯤일까
그렇다면 이제껏 거울 밖에서 서성거려온 나는 누구일까
방에 들어가니 침대는 아직 비어있고
갑자기 벽에서 영사기 도는 소리가 들리기 시작했다
—「거울 보다가」 전문

만취가 되어 돌아온 다음날 "이른 새벽"에 시인은 "나의 실종" 사건과 마주한다. 전날의 음주는 아마도 직장의 과도한 업무를 마감하고 동료들이나 친구들과 어울린 자리에서 이루어졌을 것이다. 술자리의 사람들은 술잔을 기울일 때마다 세상의 각박함과 인간의 비정함에 대해 불평을 털어놓았을 터이고, 각박한 일상을 살아가는 자신의 인생이 고달프다고 생각했을 것이다. 그러다 보니 과음을 했을 터이다. 집에 돌아오자마자 숙취로 인해 곯아 떨어졌다가

"이른 새벽"에 "화장실"에 들어간 것이다. 그러니 "화장실"의 "거울"에 비친 자신의 모습이 "푸시시한 모습의 알 수 없는 사내"처럼 느껴진 것은 당연하다. 시인은 "거울" 속에 비친 자신과 그 앞의 자신이 다른 사람이라고 느낀 것이다.

"거울" 속의 "사내"는 시인의 이상적 자아이고, 그 밖에 있는 "나"는 시인의 현실적 자아이다. 이상적 자아는 시인의 맨 정신의 정상적인 자아일 것이고, 현실적 자아는 숙취에 시달리는 비정상적인 자아이다. 전자가 후자에게 "어디 갔다 왔냐고 반갑게 다가선다"는 것은 후자의 일상 생활에 찌든 고달픈 삶을 전자가 위로하고 싶다는 것이다. 이처럼 내면적 자아가 현실적 자아를 위로하는 상황은 그동안 창작된 이와 유사한 시편들과는 사뭇 다르다. 예컨대 이상의 「거울」에서 그렇듯이 이상적 자아와 현실적 자아는 갈등의 관계에 놓이게 마련이다. 그러나 이 시에서는 둘 사이가 호의적 관계로 설정되었다.

두 자아의 호의적 관계가 가증한 것은 현실적 자아가 자기반성의 자세를 취했기 때문에 가능한 것이다. 시인의 현실적 자아는 지난밤의 폭음을 후회하면서 "거울은 조물주가 미리 찍어둔 활동사진"이라고 생각한다. "거울"은 현실적 자아가 자신의 속된 생활을 되새겨보게 하는 매개체이고, 그것을 더욱 재촉하는 것은 그 속에 있는 이상적 자아인 "사내"인 것이다. "화장실"에서의 용무를 마치고 "침대"

로 돌아가면서 "갑자기 벽에서 영사기 돌아가는 소리"를 들었다는 환청은 시인의 마음에 깊이 자리 잡은 반성의 마음과 관계 깊다. 자신의 일거수일투족을 "조물주"가 "영사기"로 기록한다고 여기는 시인이 이후 세속에 대한 경계의 마음을 흐트러트리지는 않을 것이다.

비루한 일상, 속악한 현실에서의 삶을 반성하는 마음의 단초는 부끄러움으로 나타난다. 부끄러움을 안다는 것은 그 원인이 되는 삶을 지양한다는 의미가 된다. 맹자도 군자의 세 가지 즐거움(三樂) 가운데 하나가 하늘과 사람에게 부끄러움이 없는 것(仰不愧於天 俯不怍於人)이라고 했다. 부끄러움은 순수한 영혼의 발로이며 가장 성실하고 진실한 자아의 모습인 것이다.

뽀득 뽀드득 눈 내린 계룡산을 오르다가
불현듯 길도 아플 수 있다는 생각이 들었다
쌀 한 가마 무게로 딛는 내 걸음에
힘겨울 수 있다는 생각이 들었다
기분 좋은 촉감에
내겐 그저 장단으로 들려오지만
어쩌면 꾹꾹 참아 삼키는
누군가의 고단함일지 모른다는 생각이 들었다
중년을 훌쩍 넘게

삶"과 "번잡스런 삶"(「세모에 금강경을 읽다」)을 내려놓고 싶다는 소망하고, "부표처럼 흔들리는 중년이라는 연륜"의 "생채기"를 "툭툭 털고 가자"(「낙산해변」)는 다짐을 하면서 나이가 들어가는 허무감을 극복하고자 한다.

비루하고 속된 현실에 부딪치면서 상처받은 마음을 포근하게 감싸주는 존재는 어머니이다. 어머니는 그 존재감만으로도 고달픈 인생살이에 용기와 평화를 선사하는 존재이다. 한석수 시인은 어머니에 대한 정이 유난히 깊은 듯한데, 그것은 여러 편의 시에 어머니가 등장하는 것만 보아도 알 수 있다. 그의 시에서 어머니는 원천적인 그리움의 대상이다.

> 한 달만이다
> 어머님 산소에 갔다가 시골집에 들렀다
> 텅 빈 마당
> 어느 새 훌쩍 자란 쑥대풀
> 쪼그려 앉아 한참을 뽑다가
> 불현듯
> 아파하는 풀잎사귀들이 가엾다는 생각이 들었다
> 하릴없이 한참을 지켜보다가
> 풀물 든 내 손끝을 바라보았다
> 땅 속에는 얼마나 많은 그리움의 홀씨가 있어

이렇게 끊임없이 헤집고 나오는 것일까
어디 계실까
뽑힌 자리 손바닥으로 도닥거리다가
나도 모르게 따라 중얼거렸다
자장 자장
—「그리움」 전문

돌아가신 "어머님"을 생각하는 시이다. "어머님 산소"에 들렀다가 "시골집"에 도착한 시인은 "텅 빈 마당"을 마주한다. "어머님"의 부재로 인하여 "텅 빈 마당"은 더욱 공허하게 느껴졌을 것이다. "어머님"의 손길이 닿지 않는 "마당"에는 "훌쩍 자란 쑥대풀"이 세월이 무상하다는 것을 강조라도 하듯이 무성하다. 그것을 뽑아내던 시인은 "마당"에 가득한 "풀잎사귀들이 자신의 마음 속에 돋아나는 그리움"과 같다고 생각한다. 뒤돌아서자마자 다시 무성해진다는 시골 "마당"에 자라는 풀들의 왕성한 생명력이 마치 "어머님"을 향한 절실한 "그리움"과 쏙 빼닮았다고 보는 것이다.

어머니 앞에서 인간은 누구나 어린 아이가 된다고 한다. 아무리 나이가 많이 든 사람이라도 어머니 앞에서는 순수한 동심의 세계로 돌아가게 마련인 것이다. 이 시에서 풀들처럼 왕성하게 자라나는 어머니를 향한 "그리움"을 어린 아이를 달래듯 "자장자장" 잠재우는 행위는 아주 재밌는 발상이다. 어린 아이가 인형을 가지고 놀다가 잠을 재우는 시늉을 하듯이 순수한 동심의 세계로 나아간 것이다. 더구나 어머니는 오직 자식을 위해 "고단한 허리 펴시던/ 몸빼바지"(「눈물이 났다」)로 연상되기에 더욱 아련한 그리움의 대상이 된다. 그래서 어머니는 돌아가셔서도 "대지에 꽃잎처럼 흩어진 당신 숨결은/ 밤하늘 별처럼 다시 태어나"(「어머님」) 시인의 마음을 사로잡고 있는 것이다.

3. 현실 너머 이상적인 '나'의 탐구

그런데 비루한 현실에서 벗어나는 방법은 간단하지 않다. 진정한 '나'의 상실을 경험했던 시인이 자아를 성찰하면서 순수한 동심의 세계를 지향하는 것만으로는 비루한 현실을 적극적으로 지양한다고 보기 어렵다. 진정한 '나'를 회복하기 위해서는 현실 일탈의 의지를 간직하면서 이상적 자아를 지향해 나갈 필요가 있는 것이다. 한석수의 시는 그러한 필요에 온전히 부응한다. 그의 시는 순수하고 서정적인 부드러운 세계만을 지향하는 것이 아니라, 엇나간 현실 일탈의 의지와 이상적 자아에 대한 적극적인 지향성을 드러낸다. 그는 자신에게 다가드는 "비바람 세월을 옭매듭하여/ 주렁주렁 홀씨로 여물라"(「바닷가에서」)고 한다. 그리하여 그는 이상적 자아로 "하늘하늘 서고 싶다"(「가을 하늘」)는 소망으로 비루한 현실에서 일탈하고자 한다.

햇살 따스하게 부서지는 2월 바닷가
제주 용머리 해안에서 마주한 커피 한 잔과의 인연
알라딘 램프를 방금 건져 올린 어부마냥
아지랑이처럼 피어오르는 설레임
나라면 그때 무슨 소원을 빌었을까
펑하고 나타난 거인에게 나는 어떤 모습이었을까
하긴 지금도 제대로 된 소원이나 가지고 있는지 몰라
어쩌면
머그잔 같은 삶의 그물에 나를 가둬온 것은 아닐까

…(중략)…

사람들이 커피를 마시는 것은
호리병 속 자신을 꺼내주고 싶어 설까
빨간 양탄자를 타고 싶은 거야
아라비아 하늘을 날고 싶은 거야
어딘가 스머프 인형처럼 쪼그려 있을
내가 보고 싶은 거지
몇 모금 남았을까

아직 따스하다
저 바다 속에 풍덩 다시 던져 넣을까
깜짝 놀란 거인은 어떤 거래를 하자고 할까
—「커피는 알라딘 램프다」 부분

시인은 "제주 용머리 해안"에서 "커피 한 잔"을 마시며 상념에 잠긴다. "커피" 타임은 일상의 현실에서 벗어나는 시간이기에 시인은 커피 잔을 들고 마치 "알라딘 램프를 방금 건져 올린 어부마냥" 마음이 설렌다. 동화 속의 이야기지만 어떤 소원이든 들어주는 "알라딘 램프"를 마주하고 있으니 현실의 잡념이라든가 고민 같은 것은 염려할 필요가 없는 것이다. 그러나 문제는 "알라딘 램프"를 든 "거인"에게 말하고자 하는 "제대로 된 소원"도 없다는 데 있다. 다시 말하면 시인은 일상 현실의 번잡스러운 일에 휩쓸려 살다보니 제대로 된 꿈조차도 없이 살아왔다는 것이다. 하여 시인은 "머그잔 같은 삶의 그물에 나를 가둬온 것은 아닐까" 생각해 보는 것이다. "커피 한 잔"이 갑자기 "알라딘 램프"에서 "삶의 그물"로 바뀌어 버린 셈이다.

그러나 자신을 둘러싸고 있는 "삶의 그물"에 대한 성찰은 삶의 자유를 욕망하기 위한 전제이다. 시인 자신을 포함하여 "사람들이 커피를 마시는 것"은 현실의 "호리병 속 자신을 꺼내주고 싶"기 때문이라는 것이다. 즉 "커피 한 잔"

을 마시는 때는 “빨간 양탄자를 타고” “아라비아 하늘을 날고 싶은” 꿈을 꾸는 시간인 것이다. 혹은 “스머프 인형”처럼 현실 너머의 이상향을 꿈꾸는 시간인 것이다. 커피가 “아직 따스하다”는 것은 간혹 현실에 얽매여 “알리딘 램프”를 바다에 다시 넣고 싶은 생각이 들지라도 그러한 꿈꾸기가 끝내 유의미하다는 것을 뜻한다. 아무리 각박한 현실일지라도 꿈꾸기는 계속 이어진다는 것이다.

이 시집에서 현실 일탈의 의지를 바탕으로 한 꿈꾸기의 구체적인 모습은 시원적 세계와 자유 영혼을 추구하는 것으로 나타난다. 시원적 세계의 지향은 시간적으로 현재 이전으로 돌아감으로써 삭막한 현실을 넘어서는 것이며, 자유 영혼의 탐구 역시 삭막한 현실의 메커니즘을 초월하는 일이다.

어둠을 잃어버린 어둠
그때부터 도깨비 신화는 사라지고
사람들은 밝아진 눈으로 더 이상 꿈을 꾸지 않는다
침묵을 소리 내는 침묵
사람들은 휑한 가슴으로 불통을 소통하기 시작한다
너도 없고 나도 없는 칠흑같이 깜깜한 세상
태양까지 삼킨 침묵을 마주하고 싶다
거기선 원시의 일출을 꿈꾸며

사나흘쯤 너끈하게 잠들 수 있을 텐데
—「무제」 전문

눈발처럼
바람보다 앞서 날리는 눈발처럼
오늘 하루
자유로운 영혼이고 싶다
춤추듯 다가서 사라지는
저기 저 눈꽃처럼
그렇게 가벼운 영혼이고 싶다
—「첫눈 오는 날」 부분

시인은 "어둠을 잃어버린 어둠" 즉 진정한 "어둠"의 세계를 잃어버린 오늘의 세상을 문제 삼는다. 진정한 "어둠"은 현실적 명료함보다는 환몽적 이상이 존재하는 세계일 터, 그것이 사라진 세상에서 사람들이 "더 이상 꿈을 꾸지 않는다"는 것은 당연하다. 그래서 시인이 지향하고자 하는 것은 "침묵을 소리 내는 침묵"이다. 이 "침묵"은 묵언의 기도처럼 사람과 사람 사이를 진심으로 이어주는 이심전심의 "소통"을 상징한다. 시인은 지혜의 "침묵"은 욕망의 달변보다 훨씬 가치가 있음을 강조하는 것이다. 그리하여 "태양까지 삼킨 침묵"으로 상징된 진정한 "어둠"과 "침묵"의 세계는 순수하고 진실한 "원시의 일출을 꿈"꿀 수 있는 곳이다.

두 번째 시에서 "자유로운 영혼"도 시인이 지향하는 꿈의 세계이다. 사실 몸의 정신의 자유보다 더 어려운 것이 "영혼의 자유"를 얻는 것이다. "영혼의 자유"는 어쩌면 몸과 정신과 그 이상의 인간 성정 전체가 현실에 구속되지 않는 상태를 의미한다. 하여 "바람보다 앞서 널리는 눈발처럼" 현실의 규율("바람")에 얽매이지 않는 영혼("눈발")이 되고 싶은 것이다. 시인이 지향하는 "가벼운 영혼"은 "눈꽃처럼/춤추듯 다가서"자마자 "사라지"는 것마저도 수용하는 초긍정의 가치관을 지향한다. 자유 영혼은 오고 가는 것, 존재와 부재조차도 초월하는 절대 자유를 지향하는 것이다.

한석수 시인의 꿈꾸기는 또한 이타적인 삶과 진정한 사랑을 지향하는 것으로 이어진다. 이타적인 삶의 지향은 현실의 이기적 삶에 얽매인 자아를 고상한 삶의 세계로 이끄는 자기 승화의 일종이다. 진정한 사랑의 추구 역시 인스턴트처럼 일회적이고 도구화되는 사랑의 세태를 고양시키는 행위이다.

이제
세상사에 찌든 심지를 돋우어
세월보다 빠르게 불어나는 욕망의 살덩이를 녹여

누군가를 위해
밤새 타오르는 촛불이고 싶습니다
—「촛불을 켜며」 부분

온종일 호수는 밤을 기다립니다
철푸데기 앉아 달님을 기다립니다
햇살이 눈부시게 달려들어도 눈 하나 까딱하는 일없이
달님이 지나갈 길을 영사기처럼 돌려보며
티끌 하나없이 파름하게 닦아냅니다

…(중략)…

어쩌지 못하는 그리움으로
그나마 달빛 향기를 그림자로 품지만
가슴에 묶어두는 일도 없습니다
언제나 새벽이 오기 전에 먼저 돌려주지요
오늘, 호수처럼 사랑하는 법을 배우고 싶습니다
—「호수와 달」 부분

"누군가를 위해/ 밤새 타오르는 촛불이고 싶"다는 것은 이타적인 삶을 지향하겠다는 소망의 표현이다. 자기 자신을 "세상사에 찌든 심지"라고 비유하고 그것을 불태워 세상을 밝히는 밑불이 되고자 하는 것이다. 사실 이타적인 삶은 말처럼 쉬운 것이 아니다. 모든 인간은 이기적인 속성이 있을뿐더러, 요즈음처럼 각박한 사회에서 종교인이 아닌 사람이 이타적인 삶을 말하는 것 자체가 큰 용기의 발현이다. "세월보다 빠르게 불어나는 욕망의 살덩이를 녹여" 타인을 위해 살겠다는 것, 현실 일탈의 욕망이 이 정도의 수준에 이르렀다는 것은 그만큼 이타적 삶에 대한 의지가 강하다는 것을 의미한다.

두 번째 시는 진실한 사랑을 노래한다. 진실한 사랑도 사실은 이타적인 마음의 자세가 있을 때 더욱 아름다워진다. 이성 간의 사랑인 에로스는 물론 자기애를 기반으로 하는 것이지만, 자기애를 최소화하고 타인에 대한 배려를 최대화할 때 그 진실에 배가된다. 이 시에서 그러한 사랑의 주인공은 "호수"인데, "호수"는 어떠한 보답도 요구하지 않으면서 "달님이 지나갈 길"을 깨끗하게 닦는다고 한다. "어쩌지 못하는 그리움"은 진실한 사랑의 다른 이름이다. 그래서 "호수"는 "달님"을 진정으로 사랑하기 때문에 그것을 "가슴에 묶어두는" 구속을 하지 않는다는 것이다. 시인은 진정한 사랑은 구속이나 소유 욕망과 관계가 먼 것임을 강조하고 있는 것이다. 꿈같은 사랑이다.

이외에도 꿈꾸기는 다양한 양태로 형상화되고 있다. 시인은 "꽃보다 아름다울 수는 없지만/ 꽃처럼 아름다운 사람이 되고 싶다"(「꽃보다 꽃처럼」)고 하여 심미적인 인간을 꿈꾼다. 또한 "파란 하늘 보자기에 지성으로 수놓은/ 몇 해 전 열반하신 큰 스님 사리같다"(「100년 된 매화나무 분재 옆에서」)고 하면서 고절한 정신을 꿈꾸는가 하면, "해 질녘 강물쯤 만났을 때/ 강물에 더해 사라지는/ 아주 시시한 그런 물이었으면 좋겠다"(「아주 시시한 물이었으면 좋겠다」)고 하여 순리의 정신을 지향하기도 한다. 꿈의 대상은 모두가 일상의 현실에서 벗어난 이상적인 자아의 모습과 관계되지만, 그 자체로 이미 현실적 자아의 인생과 생각에 지배적인 영향을 끼칠 것임에 틀림없다. 시인은 꿈을 통해 인생을, 현실을 바꾸는 존재이다.

4. 꿈꾸기와 시 쓰기

시인은 시 쓰기라는 꿈꾸기를 통해 세상과 영혼을 정화시키는 존재이다. 그가 꿈을 꾸는 이유는 현실의 부조리나 속악함이라든가 인생의 상처나 고통과 같은 것들 때문이다. 그것을 심리학적인 용어를 빌리면 결핍이라고 할 수 있을 터, 시인은 인생과 현실에 쉽게 만족하지 못하는 존재이다. 만족이라는 말에는 동물성이 숨겨져 있기에 만족을 못한다는 것은 시인이 인간적인, 아주 인간적인 삶을 지향한다는 뜻이 된다. 시인은 기본적으로 낭만주의자이거나 이상주의자의 속성이 강한 사람이기 때문에 일상 현실이나 인생을 살아가는 과정에서 남다른 결핍감을 느끼는 것이다. 중요한 것은 프로이트가 말했듯이 결핍감은 예술적 창조의 원동력으로 작용하는 것이라는 점이다. 이러한 인생과 현실의 결핍감을 상상의 힘으로 극복하는 것을 예술적 승화라고 하는 것이다. 시 쓰기는 현실 일탈과 예술적 승화를 실천하는 행위이다.

한석수 시인의 결핍감은 객관적인 것이 아니라 매우 주관적인 것이다. 객관적으로 볼 때는 결핍이 없어 보일지라도 시인 자신은 주관적인 차원에서 결핍감을 많이 느끼고 사는 것이다. 그 주관적 결핍감이 바로 시인으로서의 중요한 자질일 터, 현실의 팍팍한 일상에서 벗어나 이상 세계를 꿈꾸는 것이다. 그의 꿈꾸기는 그러므로 현실과의 괴리를 확인하는 일이 되는 동시에 그것을 극복하기 위한 시도의 일환이다. 그 괴리는 아마도 아래의 시에서 말하는 "섬"의 관계가 아닐까 한다. 꿈과 현실은 서로 닿을 수 없는 거리에 존재하지만 꿈꾸기를 통해 "마주 볼 수 있"게 되는 것이다. 그래서 꿈꾸기로서의 시 쓰기는 비루한 현실을 고양하는 역할을 한다고 말할 수 있다.

나는 다가섬으로 이렇게 섬이 되고
너는 멈춰섬으로 그렇게 섬이 되고

영원히 닿을 수 없는 안타까움에
까맣게 그을린 가슴으로
우리는 오래 전부터 저렇게 섬이었던 것을

그래도 우리 이리 마주 볼 수 있으니
따스한 체온을 나눠 느낄 수 있으니
아득한 그리움을 물 속 깊이 감추고
물결따라 출렁거리다 부끄러움으로 부서질 뿐
오늘도 파란 하늘이 시리기만 한 것을

—「너와 나는 섬으로」 전문

한석수

한석수韓晳洙 시인은 1959년 충남 공주에서 태어났고, 한양대학교 및 미국 아이오와대학(Ph.D.)을 졸업했으며, 2008년 계간시전문지『애지』로 등단했다. 교육인적자원부 혁신인사기획관, 충남대학교 사무국장, 충남교육청 부교육감, 충남교육감 권한대행, 교육과학기술연수원장, 교육과학기술부 정책조정기획관, 대학지원관, 교육정보통계국장 등을 역임했고, 현재 전북대학교 사무국장으로 재직하고 있다. 한석수 시인의 첫 시집『커피는 알라딘 램프다』의 시편들은 일상과 시상 사이, 혹은 현실과 이상 사이에서 고민하는 한 시인의 진지한 고뇌의 흔적이라고 할 수가 있다.

이메일 주소 : daosky@hanmail.net

한석수 시집

커피는 알라딘 램프다

발　　행 2012년 6월 9일
지 은 이 한석수
펴 낸 이 반송림
편집디자인 김지호
펴 낸 곳 도서출판 지혜
　　　　　계간 시전문지 애지
기획위원 반경환 이형권 황정산
주　　소 300-812 대전광역시 동구 삼성1동 273-6
전　　화 042-625-1140
팩　　스 042-627-1140

전자우편 ejisarang@hanmail.net
홈페이지 www.ejiweb.com

ISBN : 978-89-97386-16-1 03810
값 10,000원